Daniela Köbler · Almut Wenge

Papierflieger
für clevere Piloten

Velber
kinderbuch

Inhalt

Fliegen ist himmlisch!

Warum können Flugzeuge fliegen?

Egal, ob Papierflieger oder riesiges Passagierflugzeug: Der Grund, warum sich ein Flieger in der Luft hält, hat mit den Gesetzen der Natur zu tun. Auf jedes Flugzeug wirken nämlich vier Kräfte ein:

• Von unten zieht die Erdanziehungskraft.
• Von vorne bremst der Luftwiderstand.
• Von oben zieht der Auftrieb.
• Von hinten drückt die Schubkraft.

Die Schubkraft ist Sache der Menschen: Beim Passagierflugzeug wird sie durch die Motoren erzeugt – beim Papierflieger erzeugst du die Schubkraft durch den Schwung deines Arms.

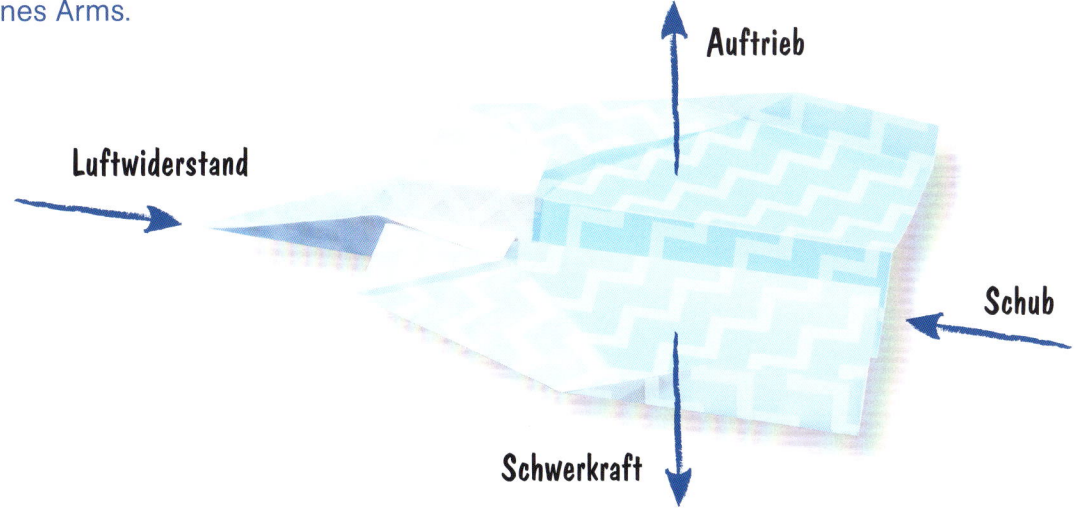

Wenn alle vier Kräfte in einem perfekten Verhältnis zueinander stehen, dann fliegt das Flugzeug. Ob es sich nur gerade eben kurz in der Luft hält oder richtig toll lossaust – das können die Konstrukteure beeinflussen. Zum Beispiel also: du!

Papierflugzeuge sind ruck, zuck gefaltet. Und trotzdem kein Kinderkram: Selbst heutzutage probieren Flugingenieure neue Ideen oft zuerst mit einem Stück Papier aus. Und bestimmt ist jeder Flugzeugpilot irgendwann mal ein begeisterter Papierflugzeugpilot gewesen, ehe es mit großen Maschinen hoch hinausging.

Die Tricks der Papierflugzeugbauer

> Ich zeig dir, wie es geht.

Das Material

Das Papier muss fest sein. Normales Schreib-, Zeichen- oder Kopierpapier reicht aus. Wenn der Zettel schon bedruckt ist: kein Problem! Hat das Papier aber Risse oder Eselsohren: Finger weg, denn das wirkt sich auf die Flugeigenschaften aus. Gut geeignet ist übrigens Geschenkpapier. Doch dieses Papier musst du vor dem Falten sehr sorgfältig zuschneiden. Ungeeignet, da zu weich: Servietten, Küchenpapier, Papiertaschentücher oder Zeitungspapier.

Wichtig: Bei allen Modellen in diesem Buch wird mit DIN-A4-Format gearbeitet.

Das Bauen

Die rechte und linke Seite eines Fliegers müssen spiegelgleich sein, da kommt es manchmal auf Millimeter an. Am besten klappt es, wenn man auf einer richtigen Unterlage arbeitet und nicht in der Luft oder auf dem Schoß. Das Papier muss gut gefaltet werden. Mit dem Fingernagel oder einem Lineal kannst du etwas nachhelfen. Aber aufgepasst: nie so stark falzen, dass der Knick ausleiert.

Der Flugplatz

Wenn du draußen startest, muss es absolut trocken sein. Auch der Boden, denn Papierflieger vertragen keine Feuchtigkeit. Nimm am besten ein paar Reservezettel mit, damit du notfalls Nachschub falten kannst. Lässt du deinen Papierflieger drinnen fliegen, dann ist es wichtig, Fenster und Türen zu schließen, damit kein Durchzug stört.

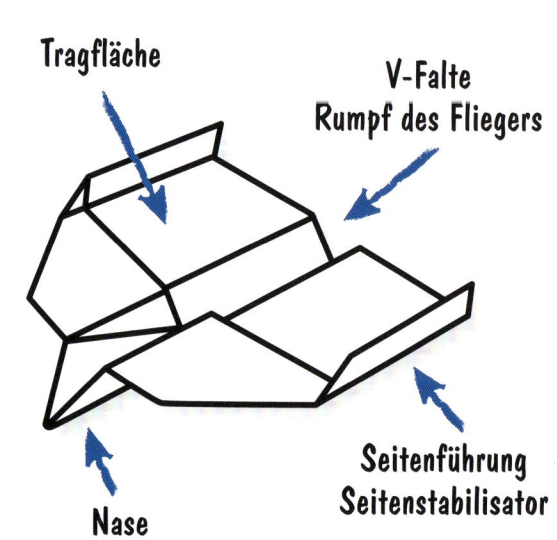

Tragfläche

V-Falte
Rumpf des Fliegers

Nase

Seitenführung
Seitenstabilisator

Der Start

Fasse das Flugzeug an der V-Falte an, und zwar im vorderen Bereich. Die optimale Wurfgeschwindigkeit ist von Modell zu Modell verschieden. Bemalung, Passagiere und Aufkleber können das Flugverhalten beeinflussen.

Meist klappt der Start gut, wenn die Nase des Flugzeugs ganz leicht nach unten zeigt. Probier aber auch mal andere Startpositionen aus. Die Armbewegung muss immer glatt und fließend sein. Und natürlich gilt wie überall: Erst Übung macht den Meisterpiloten – bei großen Flugzeugen genauso wie bei Papierfliegern.

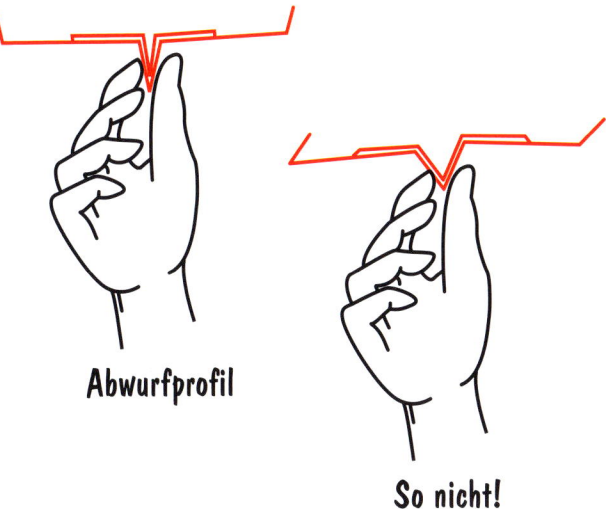

Abwurfprofil

So nicht!

Tipps für Profis

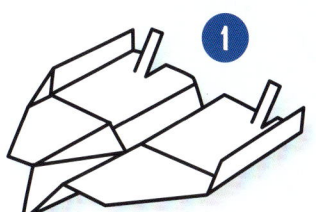

Was tun, wenn das Flugzeug abstürzt?

Meist ist es dann vorne zu schwer. Schneide hinten an den Flügeln Klappen ein und stelle sie auf (Bild ❶). Durch ihre Bremswirkung sorgen sie für einen längeren Gleitflug. Du musst etwas herumprobieren, bis sie optimal eingestellt sind. Aufgepasst: Wenn die Klappen zu groß oder zu sehr hochgestellt sind, macht der Flieger Wellenbewegungen.

Manchmal stürzt ein Flugzeug auch ab, weil es hinten zu schwer ist – zum Beispiel wegen seiner Verzierungen. In dem Fall kannst du vorne an die Nase eine Büroklammer stecken; das nennt man dann Trimmgewicht.

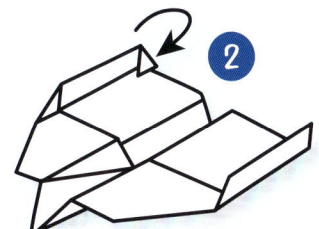

Wie fliegt ein Flugzeug schöne Kurven?

Dafür sind ebenfalls die Klappen gut, die auf Bild ❶ zu sehen sind: Wenn das Flugzeug nach rechts fliegen soll, wird die rechte Klappe hochgestellt und die linke bleibt unten. Wenn das Flugzeug nach links fliegen soll, machst du es genau umgekehrt.

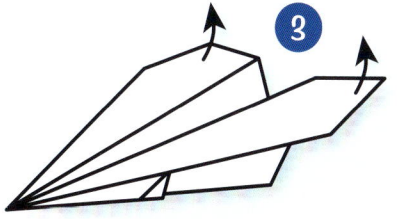

Andere Möglichkeit: Biege ein Eselsohr in die rechte oder linke Seitenführung – je nachdem, wohin das Flugzeug fliegen soll (Bild ❷). Wenn das Flugzeug keine Seitenführung hat, kannst du einfach das jeweilige Flügelende ein bisschen nach oben biegen (Bild ❸).

Ferienflieger

Wer will in die weite Welt?

Gleich hebt das Flugzeug ab. Der fröhliche Clown freut sich, dass er einen tollen Platz mit Aussicht ergattert hat. Von oben auf die Welt hinunterschauen, das macht Spaß! Häuser, Straßen und Autos sehen winzig aus wie Spielzeug. Und wenn das Flugzeug dann in die Wolken eintaucht, sieht man ringsum nur noch Watteweiß.

Woher wissen Piloten eigentlich, in welche Richtung sie fliegen, wenn sie plötzlich gar nichts mehr sehen können? Ganz einfach: Ein Pilot, der zur Orientierung aus dem Fenster gucken muss, befindet sich im Sichtflug. Bei vielen Kleinflugzeugen ist das so, und diese Flugzeuge dürfen deshalb gar nicht durch Wolken fliegen. Große Passagierflugzeuge aber sind für den Instrumentenflug ausgestattet: Sie haben das Cockpit voller Geräte, die den Piloten anzeigen, wo sich das Flugzeug gorado bcfindct.

Einen Ferienflieger stört also auch die dickste Wolkenschicht nicht. Ohne aus dem Fenster zu sehen, kann der Pilot das Flugzeug starten, steuern und wieder landen. Übrigens: Große Passagiermaschinen fliegen oft in rund 10.000 Metern Höhe und haben eine durchschnittliche Reisegeschwindigkeit von rund 900 Stundenkilometern.

Flieg & renn!

Versammelt euch an der Startbahn. Der erste Pilot wirft seinen Flieger – und läuft geradeaus los, soweit er kann. Wenn das Flugzeug zu Boden geht, rufen die anderen Spieler „Stopp!". Der Pilot muss sofort stehen bleiben. Wie weit ist er gekommen? Markiert die Stelle. Schon geht der Nächste an den Start. Schafft es dieser Pilot, eine noch weitere Strecke zurückzulegen, während sein Flieger in der Luft ist?

Faltanleitung für den Ferienflieger

Du brauchst:
Papier, Lineal, Stift, Schere, Klebstoff

So geht's:
Der Clown kann es kaum erwarten, in die Luft zu gehen. Doch bevor es so weit ist, muss der Ferienflieger für seine große Reise fit gemacht werden. Bist du bereit?

Nix wie los!

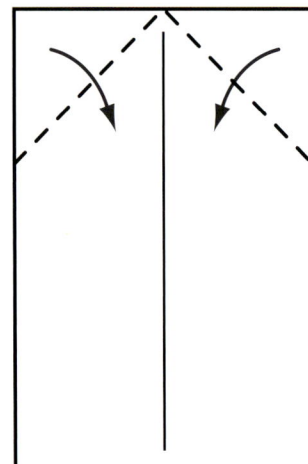

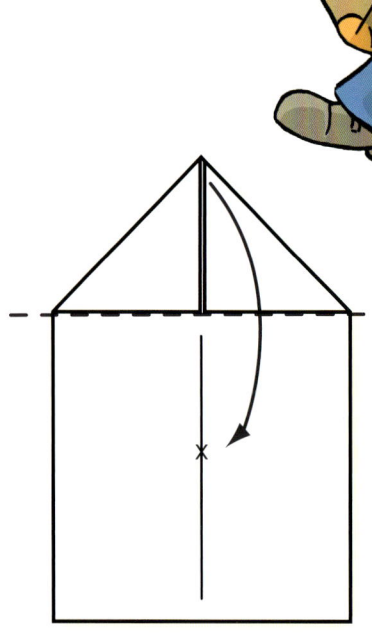

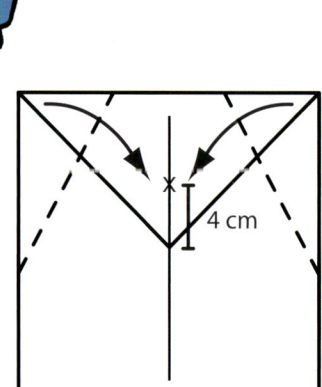

4 cm

1 Falte das Papier in der Mitte zusammen und öffne es wieder. Knicke dann die zwei oberen Ecken bis zur Mittellinie.

2 Knicke die Spitze genau über die waagerechte Kante nach unten.

3 Nimm dir ein Lineal, setz den Nullpunkt bei der umgeknickten Spitze an und miss 4 cm nach oben. Markiere die Stelle. Nun falte die rechte und linke obere Ecke genau zu diesem Markierungspunkt.

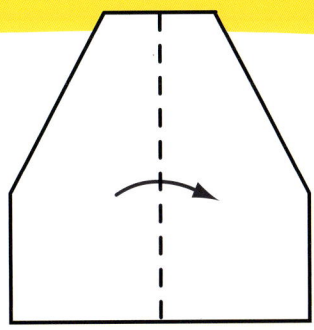

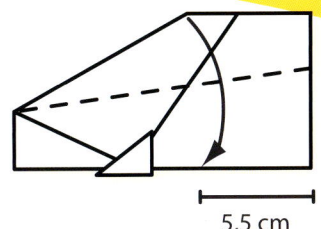

5,5 cm

4 Unten lugt nun eine kleine Spitze heraus. Knicke sie nach oben. Fertig? Dann drehe das Blatt jetzt um.

5 Falte die linke Hälfte des Zettels über die rechte Hälfte. Ganz sorgfältig, sodass die Ecken jeweils genau übereinanderliegen. Drehe das Papier nun nach links, sodass der Knick zu dir zeigt.

6 So sieht das Flugzeug nun von der Seite aus. Miss von der hinteren Kante 5,5 cm zur Mitte hin und markiere die Stelle. Falte die linke obere Ecke zur markierten Stelle. Drehe das Flugzeug um und mache mit dem anderen Flügel dasselbe.

1,5 cm

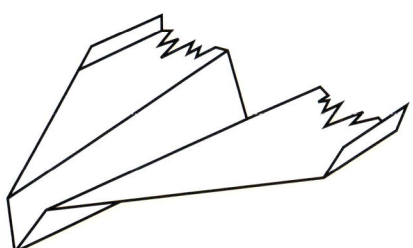

7 Ziehe 1,5 cm von der unteren Kante entfernt eine Linie. Knicke entlang dieser Linie das Papier nach oben um. Drehe das Flugzeug, mache auf der anderen Seite dasselbe — fertig sind die Seitenstabilisatoren.

8 Klappe die Flügel exakt gegeneinander und schneide kleine Zacken in das Heck, also den hinteren Teil des Fliegers. Ungefähr so, wie du es auf dem Foto siehst.

9 Jetzt fehlt nur noch dein Flugpassagier. Die Vorlage für den lustigen Clown findest du auf der Passagierliste auf Seite 44.

Flieger-Rätsel

Hast du Worte?

Zusammengesetzt ergeben die bunten Silben zehn Begriffe, die allesamt mit Flugzeugen zu tun haben. Tipp: Die Silben derselben Farbe gehören jeweils zusammen.

pit pel Cock werk Treib klap stoff an che

zei ge knüp er ge Funk Steu rät flä

Trag hen Fahr ser werk mes Hö de

Leit Lan pe Trieb werk

Die Auflösung findest du auf Seite 46.

Überschallflugzeug

Kaum da, schon weg!

Schnelle Flugzeuge haben oft eine spitze Nase, so wie dieser Flieger hier. Schmale Formen bieten der Luft weniger Widerstand und werden deshalb weniger stark abgebremst.

Sobald dir dieses Modell gut gelingt, probier ruhig ein bisschen damit herum. Je fließender die Tragflächen und die Nase eines Flugzeugs ineinander übergehen, desto weniger Luftwiderstand bietet es meist.

Ein Überschallflugzeug ist schneller als die Flughafenpolizei erlaubt: Erst taucht am Himmel der Flieger auf, dann kommt einige Zeit gar nichts, und wenn man gerade wieder woanders hinschaut, folgt donnernd der Lärm. Das Flugzeug selbst ist dann schon fast in der Ferne verschwunden. Während normale Flugzeuge ihren Schall vor sich herschieben, hat ein Überschallflugzeug seinen Schall überholt. Man sagt dazu auch: Es hat die Schallmauer durchbrochen.

Außer zu militärischen Zwecken sind allerdings kaum Überschallflugzeuge im Einsatz: Sie verbrauchen unglaublich viel Treibstoff, und das ist teuer und umweltschädlich. Außerdem ist es sehr laut. Doch der Lärm stammt nicht von den Motoren: Es ist der Überschallknall und er hat mit der Verdrängung der Luft zu tun. Bestimmt hast du im Zirkus schon mal einen Überschallknall gehört: den Peitschenknall bei Tierkunststücken nämlich.

Spiel für die Pilotenparty

Looping-Meisterschaft

Wer schafft es, mit diesem Flugzeug einen Looping zu fliegen und anschließend sanft und sicher zu landen, ohne dass sich die Nase in den Boden bohrt? Jeder Pilot hat fünf Versuche. Tipp: Haltet die Nase beim Schwunggeben ruhig mal etwas steiler nach unten.

Faltanleitung für das Überschallflugzeug

Du brauchst:
Papier, Lineal, Stift, Schere

So geht's:
Je sorgfältiger du beim Bauen bist, desto schneller saust dein Flieger anschließend durch die Luft. Aber aufgepasst, dass du die spitze Flugzeugnase nicht gegen deine Freunde rammst.

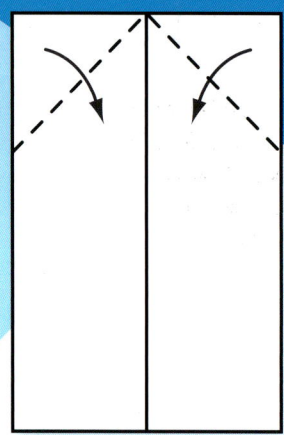

1 Falte das Papier in der Mitte zusammen und öffne es wieder. Knicke dann die zwei oberen Ecken bis zur Mittellinie.

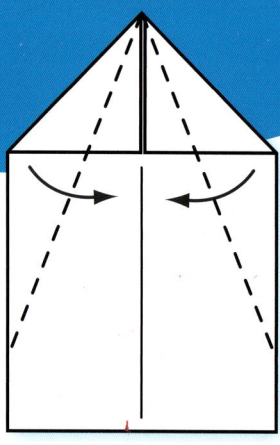

2 Knicke die beiden schrägen Kanten zur Mittellinie.

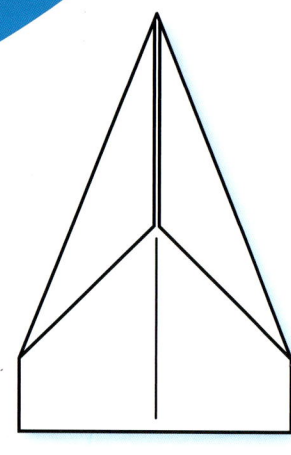

3 So sieht das Ergebnis von Schritt 2 aus.

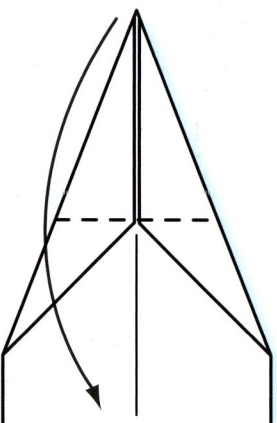

4 Knicke jetzt die Spitze um, und zwar ganz bis zur unteren Kante. Das Papier, das vor dir liegt, sieht nun nur noch halb so hoch aus.

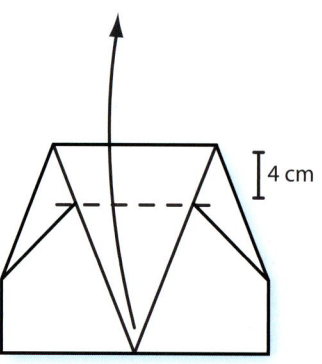

4 cm

5 Nimm das Lineal. Lege den Nullpunkt an die obere Kante an und miss 4 cm nach unten. Ziehe dort eine Linie parallel zur oberen Kante. Knicke die Spitze entlang dieser Markierungslinie nach oben.

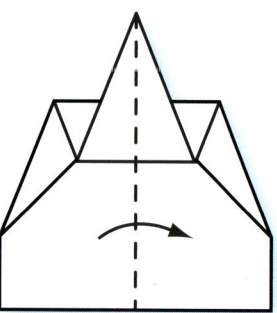

6 So sieht das Ergebnis von Schritt 5 aus. Falte nun den Flieger in der Mitte zusammen: Lege die linke Seite genau über die rechte Seite.

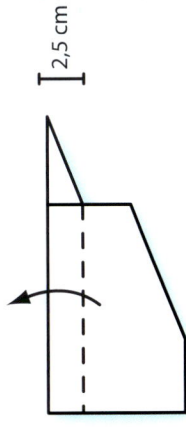

2,5 cm

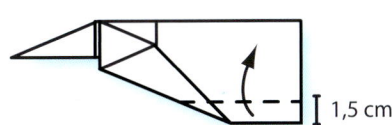

1,5 cm

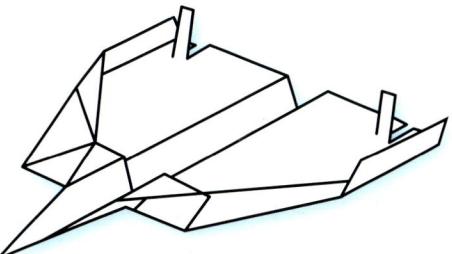

7 Zeichne im Abstand von 2,5 cm zur linken Kante eine Markierungslinie. Knicke den Flügel entlang dieser Linie nach links. Mach dasselbe mit dem Flügel auf der anderen Seite.

8 Drehe das Flugzeug so, dass die Nase nach links zeigt. Ziehe im Abstand von 1,5 cm zur unteren Kante eine Linie. Biege die untere Kante entlang der Markierungslinie nach oben. Fertig ist der Seitenstabilisator. Mach dasselbe mit dem Flügel auf der anderen Seite.

9 Falls der Flieger zu schnell zu Boden geht: Schneide hinten Klappen ein und stelle sie hoch. Dann ist er nicht mehr ganz so schnell, macht aber bessere Loopings. So sieht es dann aus, dein fertiges Flugzeug.

Schallmauer durchbrochen!

Flieger-Rätsel

Gewusel in der Warteschleife

Hier warten ziemlich viele Flugzeuge auf eine Landeerlaubnis. Schau dir das Bild kurz an und schätze ab: Wie viele Flugzeuge sind es insgesamt? Und fliegen mehr Flugzeuge nach links (←) oder nach rechts (→)? Zähle anschließend nach, wie gut du geschätzt hast.

Die Auflösung findest du auf Seite 46.

Ultraleichter Gleiter

Startklar!

Startklar?

Der ultraleichte Gleiter ist in null Komma nix gebaut. Wenn du ihn fertig gefaltet hast, kannst du ihn mit einem lustigen Gesicht verzieren. Dann gib dem Flieger Schwung und lass ihn durch die Lüfte segeln!

Hast du schon mal gesehen, wie ein echtes Segelflugzeug gestartet wird? Weil Segelflieger keinen Motor haben, können sie nicht aus eigener Kraft lossausen. Man muss ihnen Schwung geben, ähnlich wie du es mit deinen Papierfliegern tust. Das Flugzeug wird deshalb an ein Seil gehängt und mit viel Schwung gezogen – meistens von einem Motorflugzeug. Oder von einer Seilwinde, die am anderen Ende der Startbahn steht. Wenn das Segelflugzeug einige hundert Meter Höhe erreicht hat, klinkt der Pilot das Seil aus und fliegt ohne fremde Hilfe weiter.

Bei günstigen Wetterverhältnissen kann es jetzt stundenlang in der Luft bleiben. Das Wichtigste für einen Segelflieger ist die Thermik: So nennt man es, wenn die Sonne auf die Erde scheint und dadurch warme Luft nach oben steigt. Mit den Aufwinden gewinnt auch das Segelflugzeug an Höhe und kann sich danach wieder eine Weile treiben lassen. Und das Seil? Das fällt nach dem Ausklinken langsam zu Boden, abgebremst durch einen kleinen Fallschirm.

Faltanleitung für den ultraleichten Gleiter

Du brauchst:
Papier, Lineal, Stifte

So geht's:
Dieses Segelflugzeug ist ganz schnell gebaut und kann ziemlich lange durch die Luft segeln.

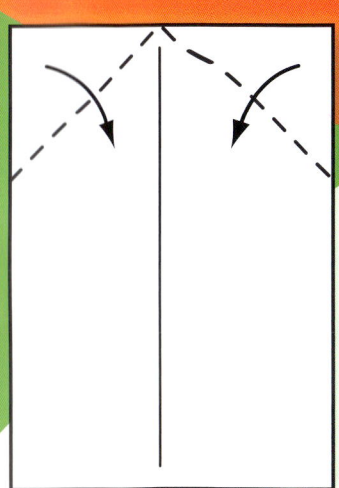

1 Falte das Blatt in **der** Mitte und öffne es wieder. Knicke **dann** die zwei oberen Ecken zur Mittellinie.

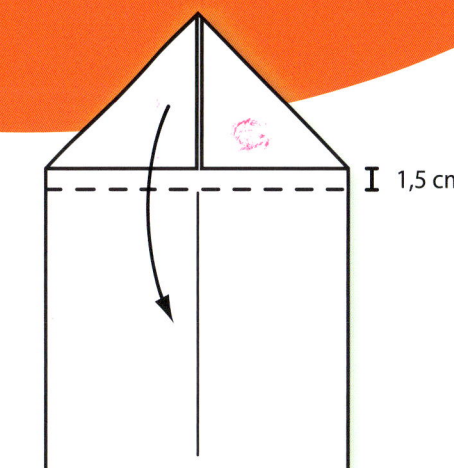

1,5 cm

2 Ziehe in 1,5 cm Entfernung von den umgebogenen Ecken eine waagerechte Linie. Dann falte die Spitze des Zettels genau entlang dieser Markierungslinie nach unten.

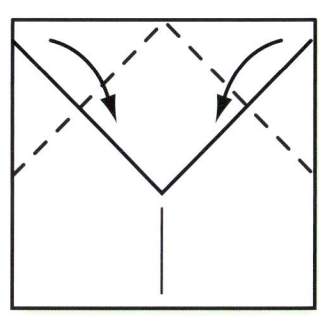

3 Nimm die zwei oberen Ecken und falte sie zur Mitte.

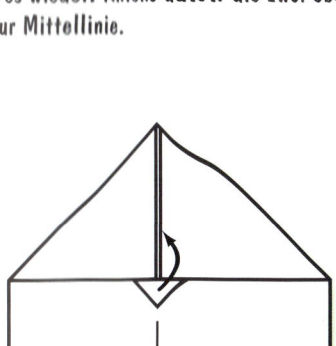

4 So sieht das Ergebnis von Schritt 3 aus. Biege nun das kleine **Dreieck**, das unten herausragt, nach oben.

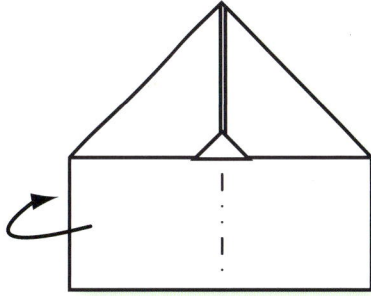

5 So sieht das Ergebnis von Schritt 4 aus. Wende das Papier, sodass die Seite, die du hier siehst, zur Arbeitsfläche zeigt.

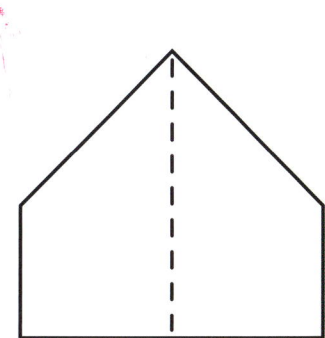

6 So liegt das Papier nun da. Klappe die linke Seite über die rechte Seite.

Spiel für die Pilotenparty

Wettflug gegen die Zeit

Auf „Los!" schicken alle Piloten ihren Flieger gleichzeitig auf die Reise. Wessen Flugzeug bleibt am längsten in der Luft? Der Gewinner darf nach der Landung einen Strich auf sein Flugzeug malen. Wer hat nach zehn Flügen die meisten Striche angesammelt?

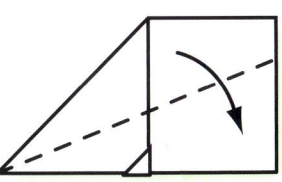

Tolle Thermik heute!

7 Drehe das Flugzeug nach links, bis es so daliegt wie auf dieser Zeichnung. Jetzt aufgepasst: Knicke die schräge Kante so nach unten, dass sie genau an der Grundlinie aufliegt. Das ist der erste Flügel. Mach dasselbe mit dem anderen Flügel.

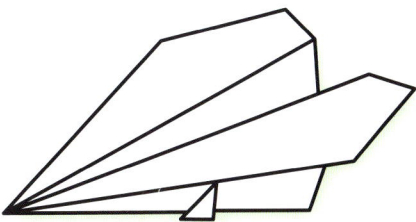

8 Fertig ist dein Gleiter! Das ging ultra-leicht, oder? Wenn du magst, kannst du ihn noch verzieren. Lustig oder gruselig, ganz wie es dir gefällt.

Flieger-Rätsel

Folge der Flugbahn
Welchem Kind gehört welcher Flieger? Folge den Kurven und du findest es heraus.
(Die Auflösung findest du auf Seite 46.)

1   2   3

A   B   C

Kleinflugzeug

Der Mäusepilot hat den Steuerknüppel fest im Griff. Er fliegt für sein Leben gern, von morgens bis abends, und er macht alles allein. Denn anders als die Flugkapitäne in den großen Passagiermaschinen hat er keinen Kopiloten, der auch gerne mal das Steuer in die Hand nehmen würde.

Weißt du eigentlich, warum es Kopiloten gibt? Einmal natürlich, weil es sicherer ist, wenn der Pilot ersetzt werden kann, falls er bei einem längeren Flug plötzlich krank wird. Außerdem gibt es bei großen Flugzeugen im Cockpit unglaublich viel zu tun. Jede Menge Knöpfe, Schalter, Anzeigen, alles piept und blinkt. Weil ein Flugkapitän nicht alles allein erledigen kann, unterstützt der Kopilot ihn. Zum Beispiel, indem er Checklisten überprüft, den Funkverkehr führt oder die Flugzeugsysteme überwacht.

Auch Kopiloten haben einen Flugschein und dürfen das Flugzeug fliegen. Das Kommando allerdings hat während des ganzen Fluges der Flugkapitän. Und erst wenn der Kopilot ganz viele Flugstunden angesammelt hat – je nach Größe und Typ des Flugzeugs sind die Vorschriften da unterschiedlich –, darf er selbst Flugkapitän sein und als verantwortlicher Pilot am Steuerknüppel sitzen.

Hier bestimme ich!

Spiel für die Pilotenparty

Nah dran gewinnt!
Einer wirft sein Flugzeug, und alle
anderen Piloten gucken zu, wo es landet. Dann
sind sie der Reihe nach selbst dran: Wessen
Flugzeug landet am dichtesten an dem ersten?
Messt mit Mäuseschritten die Entfernung.
Der Gewinner darf die nächste Runde
eröffnen.

Faltanleitung für das **Kleinflugzeug**

Du brauchst:
Papier, Schere, Stift, Klebstoff

So geht's:
Für dieses Kleinflugzeug benötigt man nur halb so viel Papier wie für ein großes Flugzeug. Doch so minimäusewinzig der Flieger auch aussieht: In der Luft ist er ganz groß!

Tower, bitte melden!

1 Nimm dein DIN-A4-Blatt und schneide es genau in der Mitte durch. Für dieses Modell reicht ein halber Zettel nämlich aus.

2 Lege den halben Zettel senkrecht vor dich hin. Falte das Blatt einmal in der Mitte und öffne es wieder. Falte die obere und die untere linke Ecke zur Mittellinie.

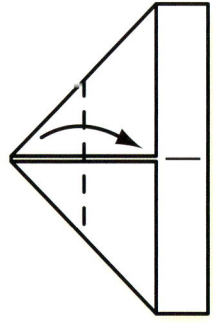

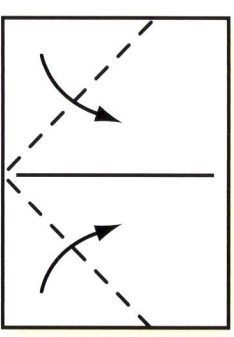

3 Falte die Spitze nach rechts zur Mitte: genau bis dorthin, wo das doppelte Papier endet.

4 Klappe die untere Hälfte des Papiers über die obere Hälfte.

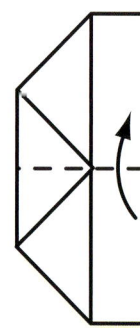

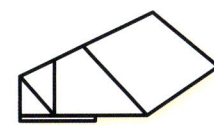

5 So sieht das Ergebnis von Schritt 4 aus. Knicke die schräge Kante nach unten, sodass sie genau auf der Grundlinie liegt. Fertig ist der linke Flügel. Wiederhole diesen Schritt mit dem anderen Flügel.

6 So sieht dein fertiges Kleinflugzeug von der Seite aus. Wenn du Lust hast, kannst du auf den Flieger nun Käselöcher malen. Oder ein anderes Muster, das dir gefällt.

7 Jetzt fehlt bloß noch die Maus: Auf Seite 45 findest du die Vorlage. Pause sie durch, schneide sie aus und klebe sie 3 cm von der Spitze entfernt von innen in die V-Falte ein.

Flieger-Rätsel

O

P

T

L

I

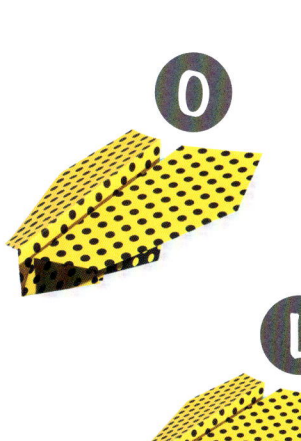

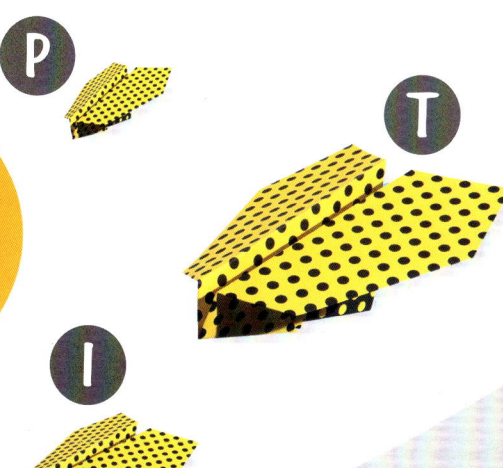

Wer ist der Größte?
Fünf Flugzeuge sind hier gelandet. Kannst du sie der Größe nach sortieren, vom kleinsten bis zum größten? Die Buchstaben neben den Flugzeugen ergeben von klein bis groß ein Lösungswort.

Die Auflösung findest du auf Seite 46.

Frachtmaschine

In dieses Flugzeug passt ordentlich was hinein. Krokodile zum Beispiel. Oder Autos. Oder Ersatzteile für andere Flugzeuge. Oder, oder, oder … Es ist nämlich eine Frachtmaschine. Bei unserem Flieger ist die Ladung aus Papier. Echte Frachtflugzeuge aber können furchtbar viel Gewicht transportieren: Beim „Beluga" von Airbus sind es 47 t, beim „Dreamlifter" von Boeing sind es 68 t und bei dem riesigen russischen Transportflugzeug „Antonov An-225" sogar knapp 250 t. Ach ja: t ist die Abkürzung für Tonne und bedeutet jeweils 1.000 Kilogramm. Tausend Kilogramm – das ist das Gewicht eines durchschnittlichen Familienautos.

Frachtmaschinen mögen unförmig aussehen, in der Luft aber machen sie eine ausgezeichnete Figur. Be- und entladen werden sie über eine große Klappe, die sich am Bug (= vorne) oder am Heck (= hinten) des Flugzeugs befindet. Die Ladung muss im Flugzeug gleichmäßig verteilt und sehr gut befestigt werden, damit sie nicht verrutscht, wenn es in der Luft Turbulenzen gibt. Übrigens: Tatsächlich werden manchmal auch Tiere im Flugzeug befördert. Zum Beispiel Pferde, die quer durch die Welt zu einem großen Turnier fliegen. Für Tiere gibt es spezielle Transportboxen. Aber natürlich sind die Tiere froh, wenn sie wieder festen Boden unter den Pfoten – oder Hufen – haben.

Einer geht noch rein.

Spiel für die Pilotenparty

Zischt ab zum Zoo

Mit Straßenkreide wird in etwa
20 Metern Entfernung ein großer Kreis auf
den Boden gemalt: Das ist der Zoo. Dann
geht's los: Wer schafft es, innerhalb von zwei
Minuten sein Krokodil zum Zoo zu fliegen?
Zwischenlandungen sind erlaubt,
egal wie viele.

Faltanleitung für die Frachtmaschine

Du brauchst:
Papier, Stifte, Klebefilm, Schere, Lineal, Klebstoff

So geht's:
Wie fliegt ein Krokodil durch die Welt?
Klar: am liebsten gar nicht. Aber wenn's nicht anders geht,
dann in einem robusten Frachtflugzeug.

Jawohl!

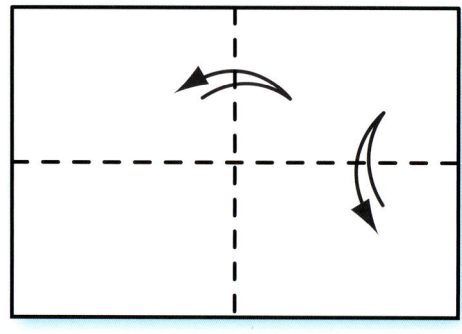

1 Lege das Papier waagerecht vor dich. Dann falte es in der Mitte und öffne es wieder. Einmal längs, einmal quer.

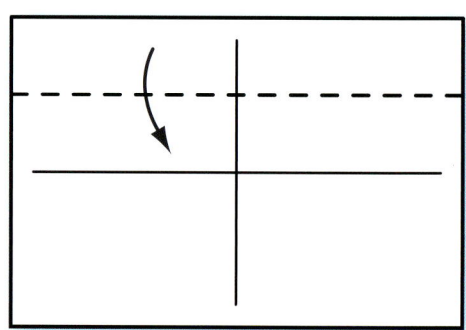

2 Knicke die gesamte obere Kante des Papiers zur Mittellinie.

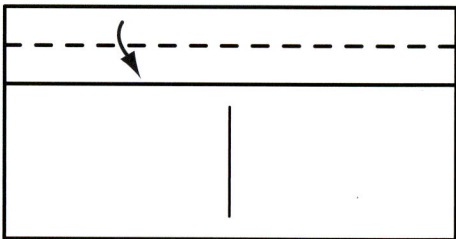

3 Knicke die neu entstandene obere Blattkante wieder zur Mittellinie.

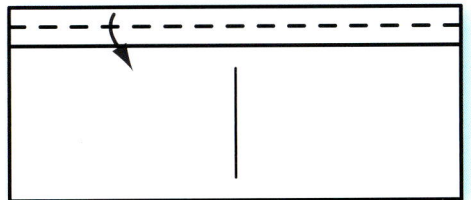

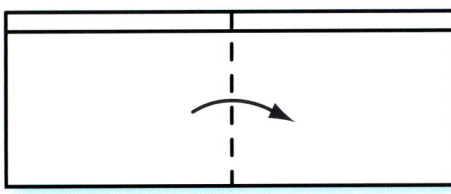

4 Knicke die neu entstandene Blattkante noch einmal zur Mittellinie.

5 Falte jetzt die linke Hälfte des Papiers über die rechte Hälfte.

6 So sieht das Ergebnis von Schritt 5 aus. Drehe das Papier um eine Vierteldrehung nach links, sodass der Mittelknick unten ist.

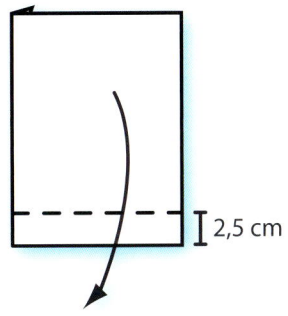

2,5 cm

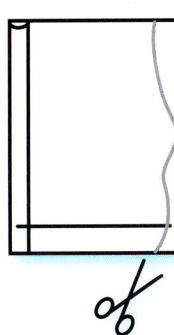

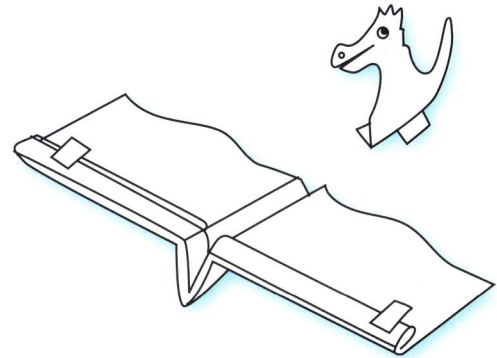

7 Miss von der unteren Kante 2,5 cm nach oben aus und ziehe dort eine waagerechte Linie. Knicke das Papier, das oberhalb der Markierungslinie ist, nach unten.

8 Klappe die Flügel wieder nach oben und schneide eine Wellenlinie in das Heck, etwa so wie hier.

9 Fixiere die gefalteten Blattkanten bei beiden Flügeln mit Klebefilm. Klebe deine Fracht direkt hinter den dicken Papierwulst. (Die Vorlage für das Krokodil findest du auf Seite 45.)

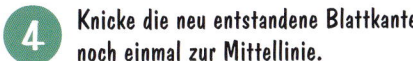
1020 kg

712 kg

Flieger-Rätsel

Welche Fracht ist zu schwer?
Stell dir vor, in ein kleines Frachtflugzeug dürfen nur Kisten hinein, die höchstens 1 t wiegen. Welche der abgebildeten Kisten sind das? Übrigens: Die Größe einer Kiste hat nichts mit dem Gewicht zu tun. Es können ja auch Sachen drinstecken, die viel Raum benötigen und dabei ganz leicht sind. Federn zum Beispiel.

1000 kg

90 kg

888 kg

2705 kg

Die Auflösung findest du auf Seite 46.

Japan-Jet

Der Jet mit der Japan-Flagge ist ein super Langstreckenflieger, probier es mal aus. Natürlich kannst du statt der japanischen Flagge auch jede andere malen. Weißt du eigentlich, woran man bei einem echten Flugzeug erkennt, aus welchem Land es kommt?

Eine Flaggenbemalung wie der Japan-Jet haben nur die wenigsten Flieger. Aber jedes Flugzeug hat eine unverwechselbare Kennzeichnung, so einmalig wie das Nummernschild eines Autos. Die Kennzeichnung beginnt mit Buchstaben für das jeweilige Herkunftsland. Danach kommt das „nationale Eintragungszeichen", das sich aus Zahlen zusammensetzt, die verraten, zu welcher Gewichtsklasse ein Flieger gehört und ob er Motoren hat oder ein Segelflugzeug ist. Immer, wenn der Pilot einen Funkspruch absetzt, muss er zunächst seine Kennung sagen, damit die Fluglotsen im Tower wissen, mit was für einem Flugzeug sie es zu tun haben.

Hier sind Beispiele für Staatszugehörigkeitszeichen, mit dem jede Kennnummer beginnt:

D = Deutschland
G = Großbritannien
N = USA
TC = Türkei
EC = Spanien
SE = Schweden
HB = Schweiz
CR = Portugal
OE = Österreich
PH = Niederlande
I = Italien
OY = Dänemark
B = China

Hast du eine Lieblingsflagge?

Spiel für die Pilotenparty

Auf nach Asien!

Ein weit entfernter Baum — oder ein anderer gut sichtbarer Zielpunkt — ist Asien. Alle Spieler starten gleichzeitig von einer Startlinie ihre Flieger. Wessen Flugzeug braucht wie viele Zwischenlandungen bis Asien? Derjenige, der mit den wenigsten Zwischenlandungen auskommt, hat gewonnen. Tipp: Flugzeuge beschriften, damit ihr den Überblick behaltet.

Bauanleitung für den Japan-Jet

Du brauchst:
Papier, Stifte, Lineal

So geht's:
Zeichne zunächst die Flagge auf die Mitte des Papiers. Für die japanische also einen großen, roten Kreis. Dann erst fängt das Falten an.

Sayonara!*

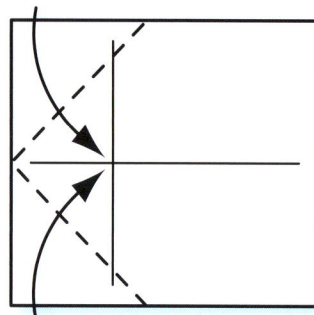

1 Falte das Papier in der Mitte — einmal quer und einmal längs — und öffne es jeweils wieder.

2 Falte den linken Rand des Papiers zur Mittellinie.

3 Falte die linke obere Ecke und die linke untere Ecke zur Mittellinie.

4 So sieht das Ergebnis von Schritt 3 aus.

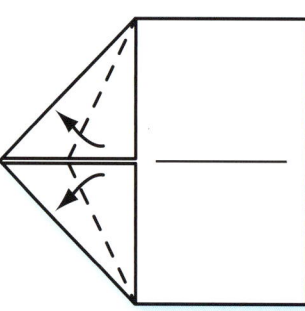

5 Falte die Ecke und die senkrechte Kante bis zur Außenkante. Erst oben, dann unten.

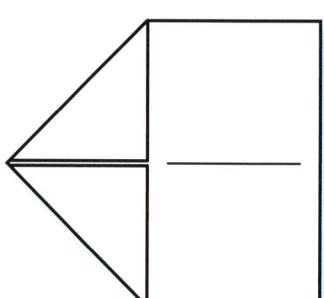

6 So sieht das Ergebnis von Schritt 5 aus. Klappe die untere Hälfte über die obere Hälfte.

*Das ist Japanisch und heißt: „Auf Wiedersehen".

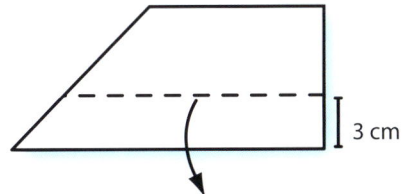

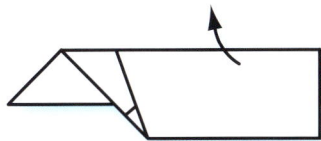

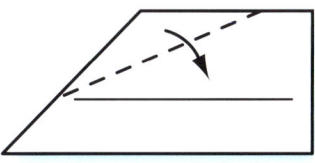

7 Miss von unten 3 cm nach oben und ziehe dort eine waagerechte Linie. Klappe den Flügel entlang dieser Markierungslinie nach unten. Mache dasselbe mit dem anderen Flügel.

8 So sieht das Ergebnis von Schritt 7 aus. Klappe den Flügel jetzt wieder nach oben.

9 Klappe die schräge Kante zur eben entstandenen Faltlinie nach unten.

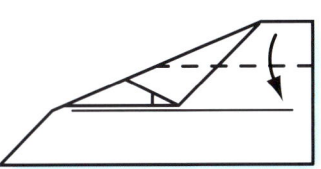

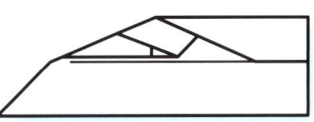

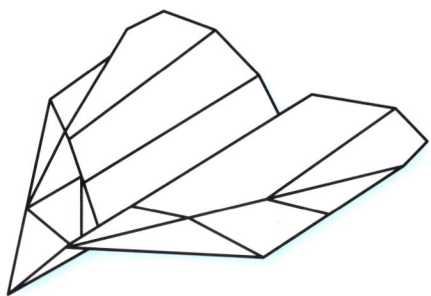

10 Klappe nun den oberen Teil des Flügels hinunter. Mache dasselbe auf der anderen Seite.

11 So sieht das Ergebnis von Schritt 10 aus. Ziehe die Flügel nun ein bisschen auseinander.

12 Fertig ist der Japan-Jet! Falze die Mittelfalte vor dem ersten Flug noch einmal kräftig nach.

Flieger-Rätsel

Wohin geht die Reise heute?

Das gesuchte Land hat diese Flagge:

Das Wort besteht aus acht Buchstaben. Kannst du die Geheimschrift entziffern? Jedes Symbol steht für einen Buchstaben.

= A
= G
= L
= O
= P
= R
= T
= U

Das Lösungswort findest du auf Seite 46.

Kunstflugstaffel

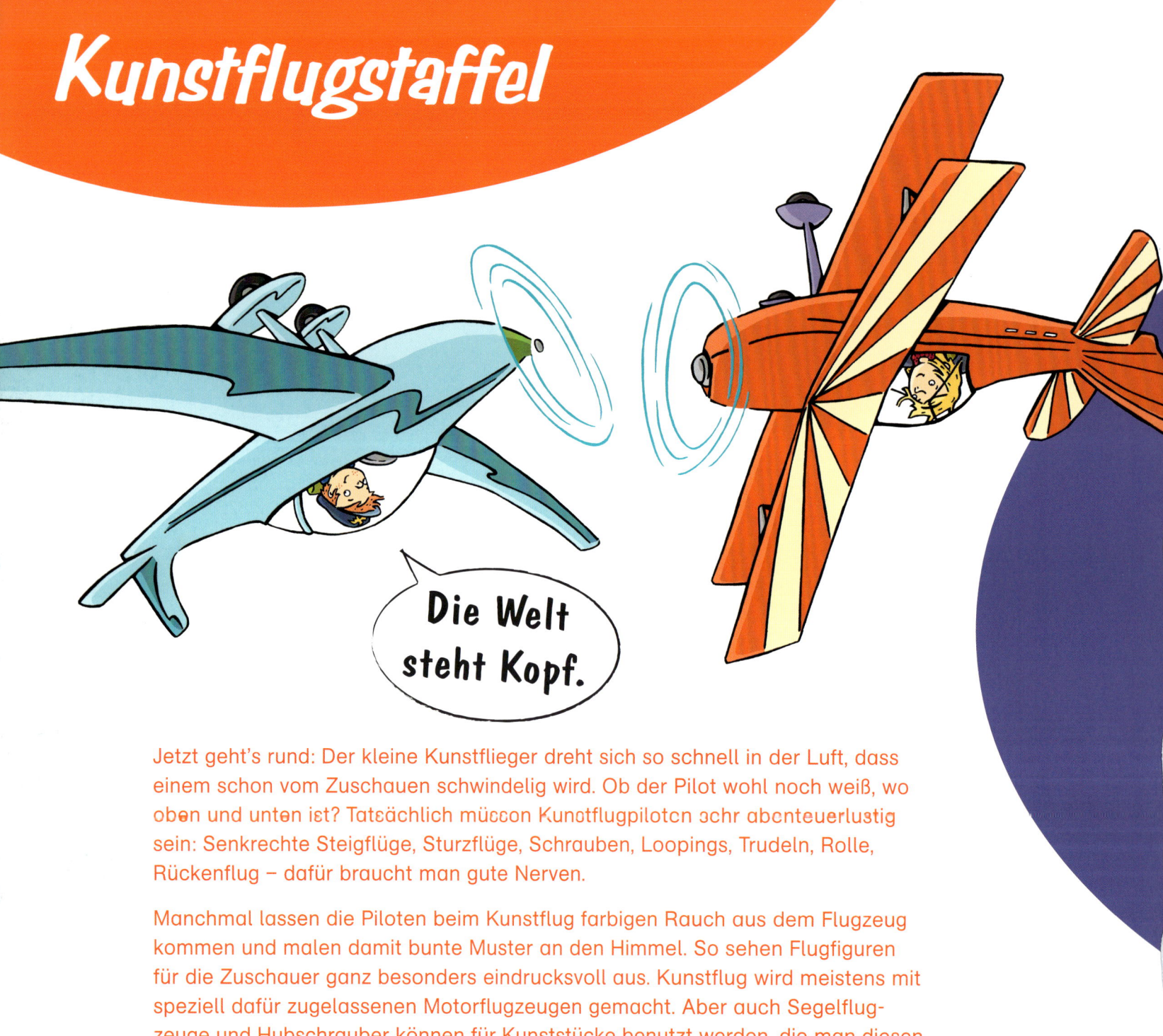

Die Welt steht Kopf.

Jetzt geht's rund: Der kleine Kunstflieger dreht sich so schnell in der Luft, dass einem schon vom Zuschauen schwindelig wird. Ob der Pilot wohl noch weiß, wo oben und unten ist? Tatsächlich müssen Kunstflugpiloten sehr abenteuerlustig sein: Senkrechte Steigflüge, Sturzflüge, Schrauben, Loopings, Trudeln, Rolle, Rückenflug – dafür braucht man gute Nerven.

Manchmal lassen die Piloten beim Kunstflug farbigen Rauch aus dem Flugzeug kommen und malen damit bunte Muster an den Himmel. So sehen Flugfiguren für die Zuschauer ganz besonders eindrucksvoll aus. Kunstflug wird meistens mit speziell dafür zugelassenen Motorflugzeugen gemacht. Aber auch Segelflugzeuge und Hubschrauber können für Kunststücke benutzt werden, die man diesen Fliegern eigentlich gar nicht zutraut.

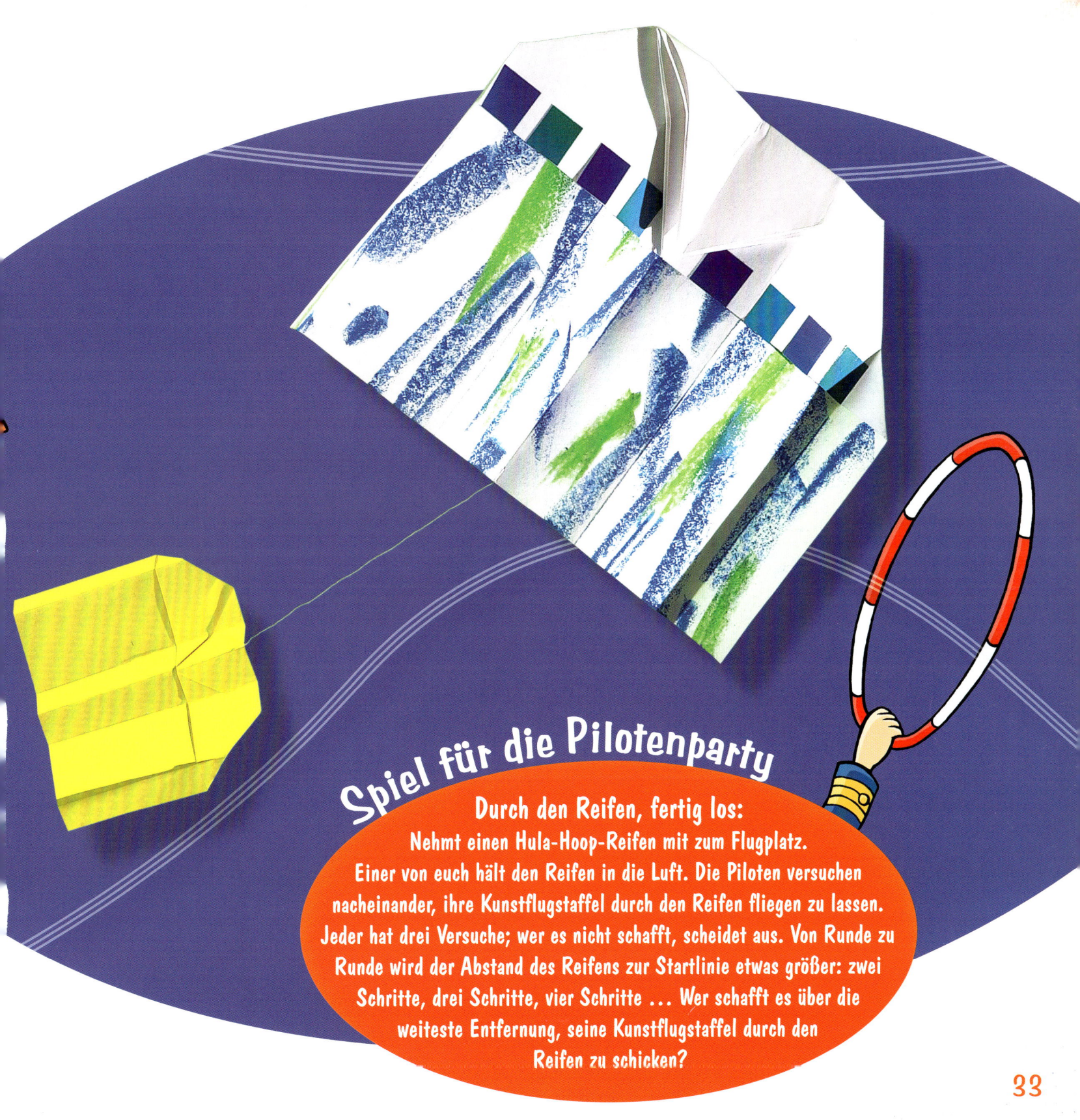

Spiel für die Pilotenparty

Durch den Reifen, fertig los:
Nehmt einen Hula-Hoop-Reifen mit zum Flugplatz.
Einer von euch hält den Reifen in die Luft. Die Piloten versuchen
nacheinander, ihre Kunstflugstaffel durch den Reifen fliegen zu lassen.
Jeder hat drei Versuche; wer es nicht schafft, scheidet aus. Von Runde zu
Runde wird der Abstand des Reifens zur Startlinie etwas größer: zwei
Schritte, drei Schritte, vier Schritte ... Wer schafft es über die
weiteste Entfernung, seine Kunstflugstaffel durch den
Reifen zu schicken?

Faltanleitung für die Kunstflugstaffel

Du brauchst:
Zwei Zettel, Schere,
Stift, Faden, Lineal

So geht's:
Baue zuerst das große Flugzeug und teste seine
Flugeigenschaften. Bist du zufrieden?
Dann nimm das kleine noch dazu.

Wo ist oben?

Das große Flugzeug:

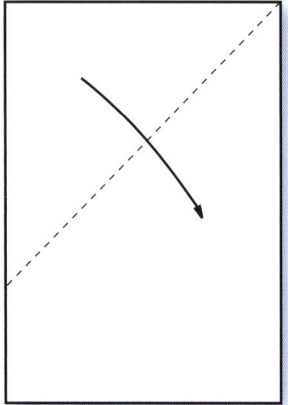

1 Falte die linke obere Ecke nach rechts und
dann gleich wieder zurück.

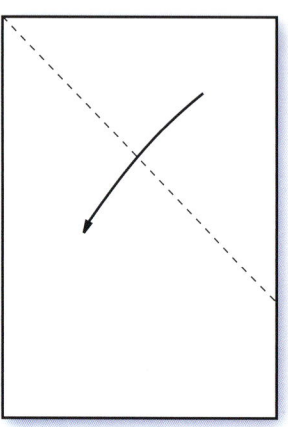

2 Falte die rechte obere Ecke nach links und
wieder zurück.

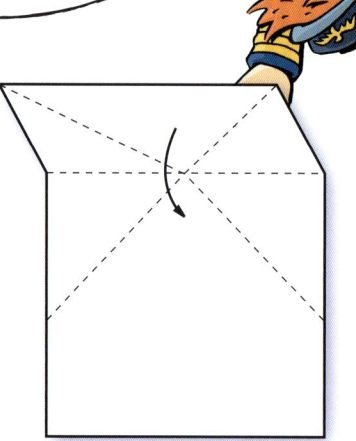

3 Knicke den oberen Teil nach unten. Und
zwar wichtig: genau an der Stelle, wo sich
die Knicklinien überschneiden. Falte das Papier
dann wieder auseinander.

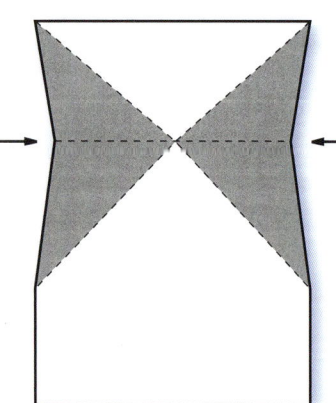

4 Fasse den Zettel an den zwei Punkten an,
auf die die Pfeile zeigen. Biege die Punkte
in die Höhe, sodass sich deine Daumen fast berühren.

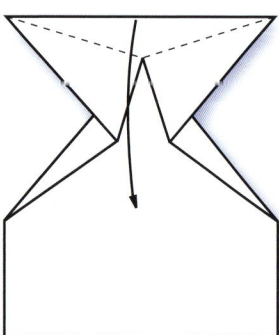

5 Jetzt drücke die Stellen, an denen du
anfasst, nach unten: zum Papier und zu dir
hin. Das sieht dann aus wie auf dieser Zeichnung.
Sämtliche Linien, die du bisher gefalzt hast,
werden dafür benötigt.

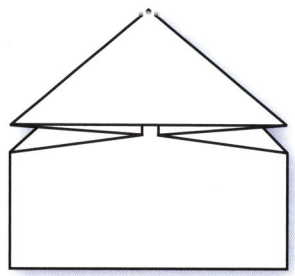

6 So sieht das Ergebnis von Schritt 5 aus.
Ziehe die Falzlinien noch einmal kräftig nach.

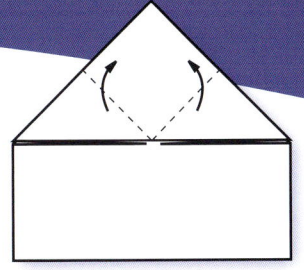

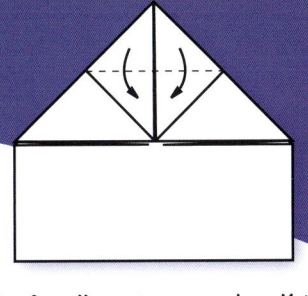

7 Biege nun die linke und die rechte Ecke des großen Dreiecks nach oben zur Spitze.

8 So sollte es jetzt aussehen. Knicke die zwei neu entstandenen Spitzen nach unten.

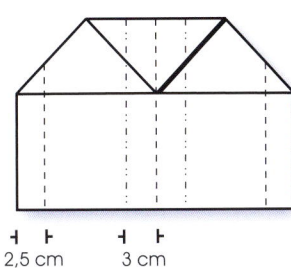

2,5 cm   3 cm

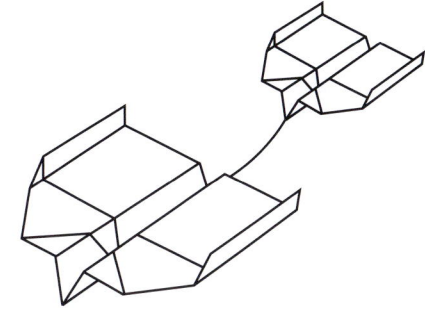

9 Nimm das Lineal und ziehe pro Flugzeugseite zwei senkrechte Linien: Eine soll jeweils 2,5 cm von der Außenkante entfernt sein. Die andere Linie soll 3 cm von der Mitte entfernt sein.

10 Knicke das Papier an den äußeren Linien nach oben und an den inneren Linien nach unten. Fertig ist der vordere Flieger! Die Faltanleitung für das kleine Flugzeug steht rechts im Kasten.

Flieger-Rätsel

Findest du die Unterschiede?

Drei Dinge sehen bei dieser Kunstflugstaffel anders aus als bei der Kunstflugstaffel auf der vorherigen Seite. Entdeckst du die Unterschiede? Tipp: Achte auf die Farben.

Die Auflösung findest du auf Seite 46.

Das kleine Flugzeug:

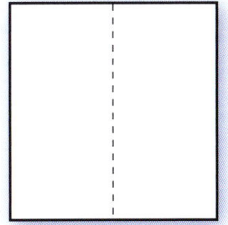

1 Schneide aus dem zweiten Zettel ein Quadrat mit den Maßen 9 x 9 cm. Falte dann das Papier in der Mitte und öffne es wieder.

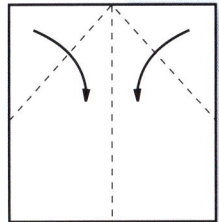

2 Falte die beiden Ecken zur Mittellinie.

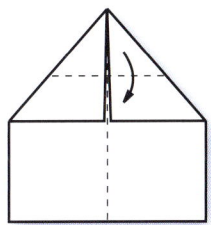

3 Knicke die Spitze nach unten.

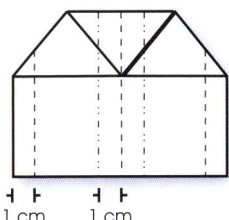

1 cm   1 cm

4 Zeichne pro Seite zwei senkrechte Linien: jeweils 1 cm von der Außenkante und 1 cm von der Mittellinie entfernt. Falte sie wie beim großen Flieger — fertig. Binde die Flugzeuge mit einem ca. 9 cm langen Band aneinander. Dein Kunstflug kann beginnen!

Fallschirmspringer

Krass!

Der Fallschirm ist das Wichtigste:
Wenn er nicht einwandfrei funktioniert,
würde der Mensch rasend schnell zu Boden
stürzen, anstatt sachte zu schweben. Deshalb
musst du beim Falten sehr sorgfältig vorgehen. Das
tun echte Fallschirmspringer auch: Sie müssen den Fallschirm
so zusammenlegen, dass er sich in null Komma nix öffnet, sobald man
an der Leine zieht. Die Fallschirmspringer werden von einem Flugzeug in
den Himmel geflogen und springen in großer Höhe heraus: Zwischen 1.000 und
4.500 Metern über dem Boden befindet sich dabei meist das Flugzeug.

Die Fallschirmtasche tragen die Fallschirmspringer dabei auf dem Rücken. Um die
Höhe kontrollieren zu können, tragen sie außerdem einen Höhenmesser am Hand-
gelenk. Die meisten Springer genießen einige Sekunden lang den freien Fall, bevor
sie den Fallschirm öffnen. Im freien Fall erreichen sie je nach Körperhaltung eine
Geschwindigkeit von mindestens 200 km/h (Abkürzung für: Kilometer pro Stunde).
Spätestens 700 Meter über dem Boden sollte der Fallschirm geöffnet werden.
Dafür zieht der Fallschirmspringer an einer Leine. Der geöffnete Schirm bremst
die Geschwindigkeit auf etwa 18 km/h ab – das ist nur noch so viel, als würde
man vom Dach eines Kleinwagens hinunterspringen. Und was, wenn es trotz aller
Sorgfalt mal Schwierigkeiten beim Öffnen des Schirms geben sollte? Für diesen
Fall haben Fallschirmspringer zum Glück noch einen Reserveschirm dabei.

Spiel für die Pilotenparty

Ziel-Landung

Lasst den Fallschirmspringer von einem erhöhten Platz aus starten — etwa von der Spielplatzrutsche. Die Piloten, die unten auf dem Boden stehen, beobachten die Flugbahn und versuchen nacheinander, den Fallschirmspringer auf der Handfläche landen zu lassen. Wem gelingt es?

Faltanleitung für den Fallschirmspringer

Du brauchst:
Farbiges Transparentpapier, Tonpapier oder Pappe, Schreibpapier, Klebestift, Lineal, Schere, Stift

So geht's:
Für den Fallschirmspringer benötigst du besonderes Papier. Denn der Fallschirm muss ganz leicht sein und der Mensch ziemlich schwer. Wie in echt!

1 Lege das Transparentpapier auf die Fallschirmvorlage und pause die Linien ab.

2 Schneide die Form entlang der Außenlinie aus.

3 Die gestrichelten Linien sind Falzlinien: Falte den Fallschirm an diesen vier Stellen. Bestreiche die schraffierte Fläche mit Klebstoff und klebe sie an die gegenüberliegende Kante, sodass der Schirm nun eine Pyramidenform bildet.

4 Schneide an der Spitze ein Viereck aus — dort, wo du auf der Vorlage das Scherensymbol siehst.

5 Schneide aus Tonpapier oder Pappe den Fallschirmspringer aus, ungefähr in der Größe der Vorlage. Wichtig ist die Haltung der Arme!

6 Schneide aus dem Schreibpapier zwei ungefähr 30 cm lange und 2 mm breite Streifen als Seile zu.

7 Führe die Seile durch die Arme des Fallschirmspringers, wie du es auf Seite 37 siehst. Klebe alle vier Enden am Fallschirm fest. Fertig!

Tipp: Wenn du die Ecken des Schirms ein wenig nach unten wölbst, dann schwebt der Fallschirm noch langsamer zu Boden.

Vorlage für den Menschen

Uff!

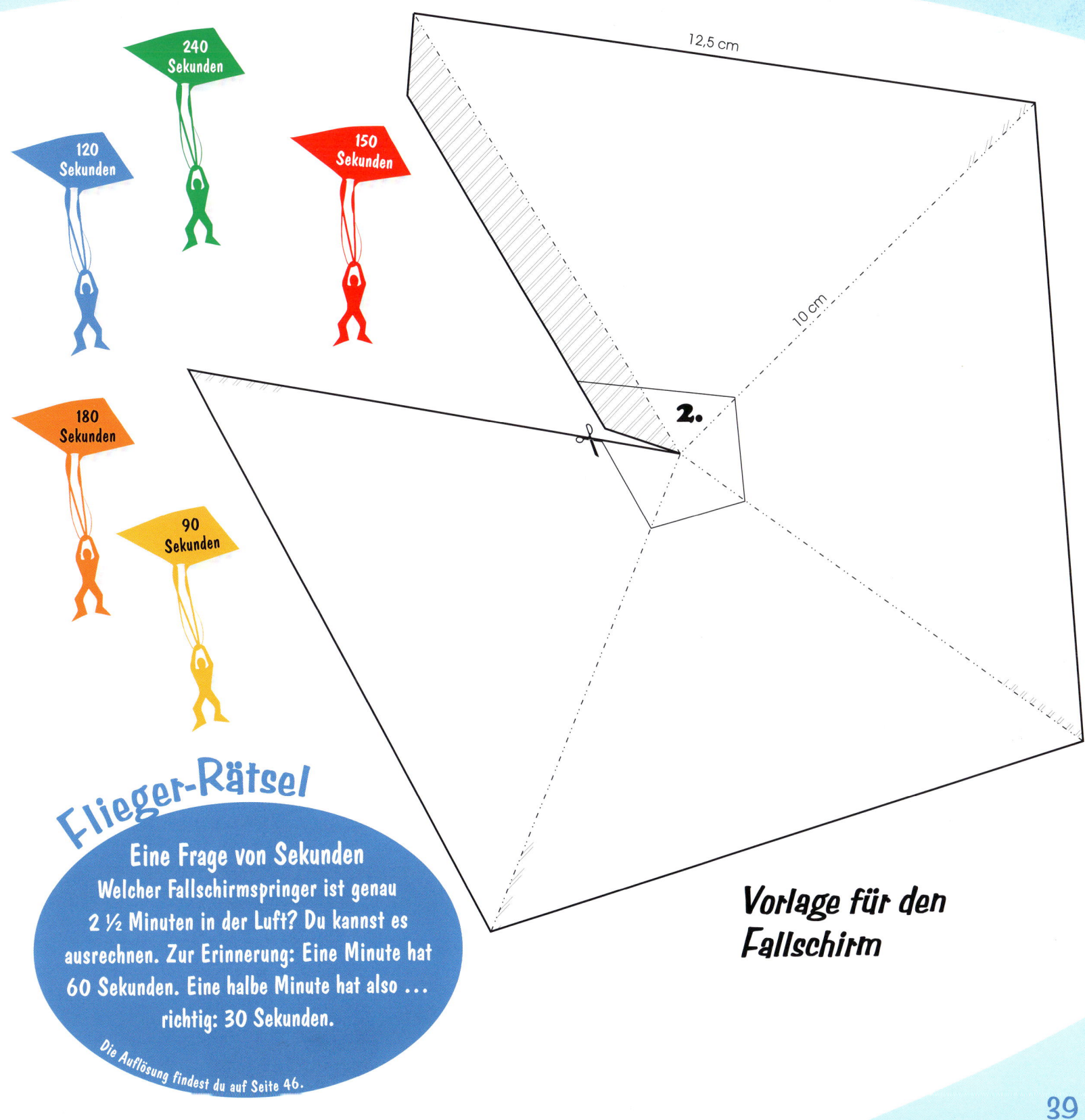

240 Sekunden

120 Sekunden

150 Sekunden

180 Sekunden

90 Sekunden

12,5 cm

10 cm

2.

Flieger-Rätsel

Eine Frage von Sekunden
Welcher Fallschirmspringer ist genau
2 ½ Minuten in der Luft? Du kannst es
ausrechnen. Zur Erinnerung: Eine Minute hat
60 Sekunden. Eine halbe Minute hat also ...
richtig: 30 Sekunden.

Die Auflösung findest du auf Seite 46.

Vorlage für den Fallschirm

Ufo aus dem All

Träume ich?

Guck mal: Hier kommt ein Außerirdischer von einer fernen Galaxie. Was meinst du, wie fliegt sich so ein Ufo wohl? Baue es einfach nach und probiere es aus! Ufo ist übrigens die Abkürzung für „unbekanntes Flugobjekt". Allerdings: Ob es tatsächlich Außerirdische gibt, die mit Flugobjekten durch den Weltraum fliegen, weiß man nicht. Die Planeten unseres eigenen Sonnensystems – Merkur, Venus, Erde, Mars, Jupiter, Saturn, Uranus, Neptun – sind mit Ausnahme der Erde aller Wahrscheinlichkeit nach unbewohnt. Es gibt also auch keine Marsmännchen. Aber das Weltall ist ja unendlich groß. Keiner weiß, wie es viele Lichtjahre entfernt aussieht. Denn um jeden Stern, den du am Himmel funkeln siehst, kreisen eigene Planeten. Und es gibt noch unendlich viel mehr Sterne im Universum. Selbst mit den stärksten Teleskopen können Astronomen – so nennt man die Himmelsforscher – nur einen winzigen Teil sehen. Und einfach hinfliegen? Geht nicht! Selbst wenn wir die technischen Möglichkeiten hätten, würde der Flug zum nächsten Stern zu lange dauern. Länger als ein Menschenleben! Übrigens: Auch unsere Sonne ist ein Stern. Ein Stern, der den Namen Sonne bekommen hat.

Spiel für die Pilotenparty

Mit dem Ufo zu den Sternen
Zeichnet mit Straßenkreide viele große Sterne auf
den Boden. Zeichnet in etwas Abstand einen Kreis: Das ist
die Erde, und von dort startet ihr mit eurem Ufo zurück ins All.
Wer schafft es, genau auf einem Stern zu landen? Legt vorher
fest, wie viele Runden ihr spielen wollt. Der Ufo-Pilot
mit der höchsten Trefferzahl gewinnt.

Faltanleitung für das Ufo

Du brauchst:
Papier, Lineal, Stift, Klebstoff

So geht's:
Der Außerirdische verrät dir den geheimen Bauplan für sein Flugobjekt. Galaktisch nett, nicht?

Grüß mir die Sterne!

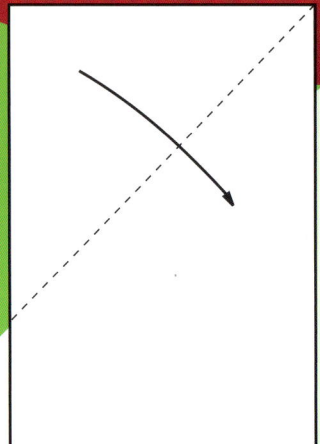

1 Falte die linke obere Ecke nach rechts und dann gleich wieder zurück.

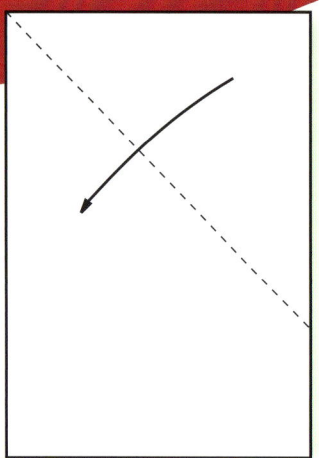

2 Falte die rechte obere Ecke nach links und wieder zurück.

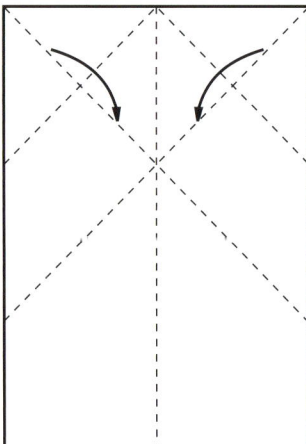

3 Falte den Bogen in der Mitte und öffne ihn wieder. Falte dann die beiden oberen Ecken zu dem Punkt, an dem sich die Linien kreuzen.

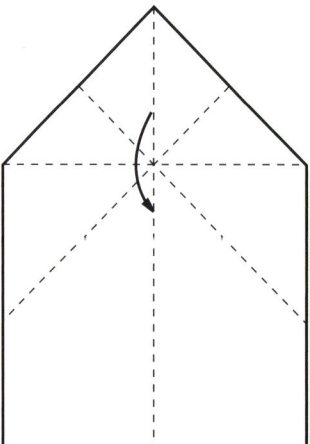

4 So sieht das Ergebnis von Schritt 3 aus. Falte den oberen Teil über den Kreuzungspunkt nach unten und öffne ihn wieder.

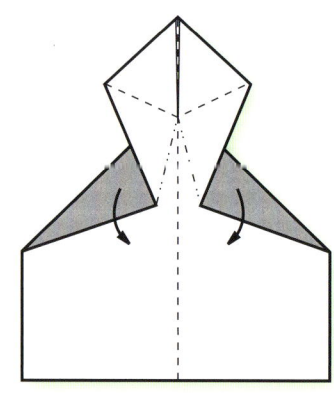

5 Fass die zwei seitlichen Ecken an und führe sie nach oben. Wenn du es richtig machst, berühren sich deine Daumen dabei fast. Drücke die Ecken dann nach unten zur Mittellinie. Die Flächen, die hier grau sind, sind die Zettelrückseiten.

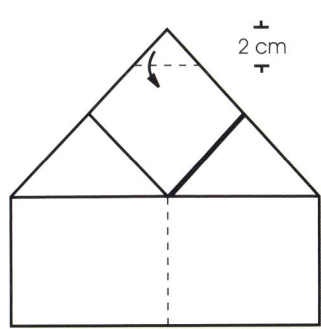

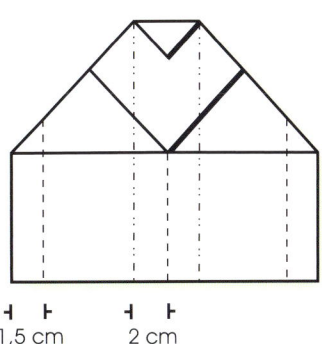

2 cm

1,5 cm 2 cm

6 Drücke alles flach, bis es so aussieht wie hier. Dann schnapp dir Lineal und Stift und zeichne 2 cm von der Spitze entfernt eine Linie ein. Falte die Spitze an dieser Stelle nach unten.

7 So sieht dein Flieger jetzt aus. Ziehe senkrechte Linien, zwei auf jeder Flugzeugseite: Eine muss 1,5 cm von der Außenkante entfernt sein, die andere 2 cm von der Mittellinie.

8 Knicke den Flügel jeweils an der äußeren Linie nach oben und an der inneren Linie nach unten. Fertig, dein Ufo ist einsatzbereit! (Die Vorlage für den Außerirdischen findest du auf Seite 45.)

Flieger-Rätsel

Hast du Ahnung vom All?
Unten stehen drei Sätze, die vom Universum handeln. Zwei sind richtig, einer aber ist falsch. Welcher? Wenn du dir nicht sicher bist, dann lies noch mal den Text von Seite 40.
1. Das Weltall ist unendlich groß.
2. Auf dem Mars leben Marsmännchen.
3. Auch die Sonne ist ein Stern.

Die Auflösung findest du auf Seite 46.

Deine Mitflieger

Willkommen an Bord: Auf dieser Seite findest du die Vorlagen für Clown, Maus, Krokodil und Außerirdischer. Lege einfach einen weißen Zettel über die Seite, pause die Figuren mit einem Bleistift durch, schneide sie aus und verziere sie ganz, wie es dir gefällt. Zum Schluss kannst du die Laschen mit Klebestift bestreichen – eine von der Vorderseite, eine von der Rückseite – und die Figuren in die passenden Flieger hineinsetzen. Übrigens: Du kannst die Figuren auch ein bisschen verändern oder dir eigene Mitflieger ausdenken. Ganz wichtig ist bloß, dass du an die Klebelaschen denkst. Und: Wesentlich größer als hier sollten die Figuren nicht sein. Kleinere Figuren können problemlos mitfliegen.

Hereinspaziert!

14,5 cm

1,2 cm

Fliegerausweis

Kannst du jetzt Papierflieger bauen,
starten und sicher landen? Glückwunsch:
Du hast die Papierfliegerprüfung bestanden
und darfst den Fliegerausweis tragen.

So geht's:
1. Kopiere die Vorlage, die du rechts siehst.
2. Schneide den kopierten Ausweis aus. Bestreiche die
weiße Rückseite mit Klebstoff. Falte deinen Fliegerausweis dann entlang der gestrichelten Linie nach
hinten und klebe Vorder- und Rückseite gegeneinander.
3. Klebe auf der Vorderseite dein Passfoto ein
und schreibe deinen Namen auf die Linie.
4. Auf der Rückseite kannst du ankreuzen, welche
Modelle du besonders gut beherrschst.

Willkommen im Team.

Impressum

Text: Almut Wenge
Modelle: Daniela Köbler
Illustration: Dorothee Mahnkopf
Redaktion: Katrin Pertschy
Layoutentwurf und Satz: GrafikwerkFreiburg
Druck: Himmer AG, Augsburg

Rechte der deutschen Ausgabe:
© 2011 Christophorus Verlag GmbH & Co. KG, Freiburg i.Br.
ISBN 978-3-8411-0061-0
Art.-Nr. VB110061
www.christophorus-verlag.de

Auflösungen der Fliegerrätsel: Seite 11: Cockpit, Fahrwerk, Höhenmesser, Landeklappe, Leitwerk, Steuerknüppel, Tragfläche, Treibstoffanzeige, Triebwerk; **Seite 15:** Insgesamt 8 Flugzeuge; 5 fliegen nach links, 3 fliegen nach rechts. **Seite 19:** 1B, 2A, 3C; **Seite 23:** PILOT. **Seite 27:** Die dunkelblaue, die hellblaue, die rosafarbene, die gelbe Kiste dürfen eingeladen werden. **Seite 31:** Der kleine Flieger ist jetzt orange, die blaue Linie am linken Flügel fehlt, die oberen beiden Farbkästchen sind jetzt grau. **Seite 35:** PORTUGAL. **Seite 39:** 150 Sekunden sind 2 ½ Minuten; **Seite 43:** Behauptung 2 ist falsch.